達成する力

世界一のメンターから学んだ「目標必達」の方法

豊福公平

きずな出版

「なりたい自分」への最短距離を、いまここで見たくはないか?

はじめに——

なぜ多くの人が目標を達成できないのか?

あなたには、目標がありますか?

あなたは、その目標に向かって動いていますか?

「目標を達成したい」

「なりたい自分になりたい」

そんな願いを、多くの人が持っています。

しかし当然のことながら、誰もがそれを実現できる、というわけにはいきません。

目標に近づくことができず、挫折感を覚えてしまう人もいるでしょう。

忙しい日々のなかで、目標自体を見失ってしまう人もいるでしょう。

あるいは、そもそも何を目標にしたらいいのかわからず、無目的に生きているという人もいるでしょう。

だからこそ、目標達成は世間的にも注目を浴びる、大きなテーマなのです。

いつの時代でも巷《ちまた》にあふれる、目標達成法の書籍。

目標達成をテーマにしたセミナーは、どこも大盛況だと聞きます。

「誰もが、なりたい自分になりたい」

「……でも、そうなれない」

これは、人間にとって、永遠のジレンマなのかもしれません。

人生にブレーキがかかるとき

もちろん私も、これまでの人生のなかで、「達成したい目標」「なりたい自分」が、いくつもありました。

私が子どものころになりたかったもの……それは〝コックさん〟でした。

料理人だった母親の影響で、白いコック帽をバッチリ決めて、おいしい料理をつくるコックにあこがれたのです。

中学生になると、目標が父親の影響で〝野球選手〟に変わりました。

甲子園に出場して、プロ野球の世界に入って……というのが、将来の目標でした。

さらに大学に入ると、私はテニスに没頭《ぼっとう》します。

地元・九州のランキングで一位を記録するなど、結構な実績をあげていましたから、「テニスのインストラクターをやりながら試合に出て、賞金を稼ぎまくる」といったことまで考えていました。

……しかし、その目標はどれも実現することはありませんでした。

コックさんや野球選手は、それこそ無邪気な〝子どもの夢〟でしたが、テニスに関しては本気でした。

しかし、目標を途中で投げ出してしまったのです。

「まわり（の強豪選手）はみんな、小さいころからテニスの英才教育を受けているような人間ばかりだ。それに比べて自分は、テニスを始めたのは高校生のとき。この先はとても敵《かな》わないだろう……」

そう思い込み、勝手に自分の人生にブレーキをかけてしまったのです。正直、挫折を味わいました。

目標が人生の「スイッチ」を入れる

「なりたい自分」が見つかったのに、その「なりたい自分」になれなくて、挫折を味わう……。

そんなことを、多くの人が経験しているのではないでしょうか。

「だったら、何も高望みせずに、その日その日を楽しく生きていったほうがいいよ」

そう考える人もいるかもしれません。

しかし、それでも目標、なりたい自分は必要だと私は考えます。なぜなら、目標、なりたい自分の存在が、生きる力にスイッチを入れるからです。

私が大学卒業後に選んだ最初の仕事は、消防士でした。

ご存知のように、一言で消防士といっても、さまざまな職種、ポジション、立場などがあります。

もちろんどんな役割も大切な仕事なのですが、私があこがれていたのは、通称〝ハイパーレスキュー〟と呼ばれる、消防士のなかでも、とくに危険な状況をこなす部隊です。

ビルの間にロープを張って、スルスルと渡る……。

火災現場では、炎のなかに飛び込んでいく……。

ハイパーレスキューは、まさに究極の消防士なのです。

「自分もハイパーレスキューとして活躍したい！」

そう思いながらも、またも私は、自分にブレーキをかけていました。

ハイパーレスキューを目指す消防士は、みな体力自慢のバリバリの猛者《もさ》ばかり。レスリング日本一、柔道で九州地区優勝経験あり、腕立て伏せを何百回もこなす……。そんな連中のなかで、私はといえば「テニス部出身」。これはもう敵わないと思っていました。

しかし、そんななか、ある先輩からの導きがありました。

「トヨフク、ハイパーレスキューは体力だけのものじゃないぜ。一番大事なのは、消防士としての心構え、マインドだ。だから、お前でもできる」

この一言で、私の「自分なんかがなれる職種じゃない」という思いは、払拭《ふっしょく》されました。心構え、マインドを大切にし、さらに当然体力・技術も磨き、私はハイパーレスキューになることができたのです。

思えば、あのとき先輩に声を掛けてもらったことが、私のなかでハイパーレスキューを現実的な「目標」に変えたのでしょう。

そして、あこがれではなく明確で具体的な目標を持つことが、私の人生に〝スイッチ〟を入れたのです。

「長い人生、どうなるかわからない。でもいまは、目の前の目標を達成するためにできることをやろう」

そう考えられるようになったときに、自分の人生が加速していくように感じました。目標を達成できなければ、挫折を味わう。しかし、目標がなければ、人生そのものが動き出さない。私はそう考えるようになりました。

ジョン・C・マクスウェルが教えてくれた目標達成の〝やり方〟

このあと、本文中で詳しくお話しさせていただきますが、ハイパーレスキューを引退してからも私は、さまざまな目標、なりたい自分を設定してきました。

そして、正直にいえば、達成できなかった目標もあります。

挫折感に打ちひしがれて、悩み抜いたこともあります。

しかし、自分でいうのもおこがましいようですが、いまの私なら、目標は必ず達成できるといえるでしょう。

「それは、大した目標を立てていないからじゃないか？」

「必ず達成できるような小さな目標なら、誰でも達成できるよ」

そう思う方もいらっしゃるかもしれません。

しかし、そうではないのです。

誰もが「無理だろう」とあきらめるような目標を、短期間で達成する。思い描いていた理想の自分に、必ずなる。

これには、やり方、コツがあるのです。

そのやり方さえ知れば、誰もが目標を達成することができます。

「達成すべき目標」と聞くと、多くの人が「数値目標」など、目に見えるわかりやすいものを思い浮かべることでしょう。

「売り上げ〇億円」

「年収○千万円」

「社内ナンバーワンの成績」

あるいは「地位」や「立場」、「肩書」「職業」なども、目標となりやすいものです。

「今年こそ課長に昇進」

「独立してコンサルタントになる」

「来年までに結婚する」

「資格を取って、新しい仕事をする」

……これらもたしかに立派な目標です。

しかし、これからこの本でお話しする「達成」とは、目指す数値をクリアすることや、いまとは違った立場、肩書を得て〝新しい自分〟になることだけではありません。

「どんな環境においても『本当の自分』として生きていくことができる」

それが、この本でお話しする目標達成法です。

たとえば私の会社の営業チームメンバーたち……。

彼ら彼女らが全員、

「自分がナンバーワンセールスになるんだ！」

「もっと出世したい」

「もっと収入を増やしたい」

と意気込んでいるかといえば、じつはそんなことはありません。

しかし、それでも私たちは、大きな目標に向かって一丸となることができます。

なぜかといえば、チームメンバー各々が望む「理想の自分」になるために、一丸となって大きな目標に突き進むことが正しい道だと、全員が理解しているからです。

数値目標や地位など、目に見えるもの以前の、「自分が本当に欲しいもの」がわかっているから、いまこの場所で、何をすべきかが見えてくるのです。

「自分が本当に欲しいもの」

それは**自分の「アイデンティティ」に従った毎日**ともいいかえられます。そしてその、自分のアイデンティティを知る方法。それをこの本で公開します。


その方法の元となっているのは、「世界一のメンター」とも呼ばれるリーダーシップ論の権威、ジョン・C・マクスウェルの教えです。

アメリカの第44代大統領であるバラク・オバマ氏もメンターと仰ぐ、彼の「目標達成法」「夢を実現させるノウハウ」は、決して難しいものではありません。

「自分が何を望んでいるのかを知ること」
一言でいってしまえば、それが目標達成の最大のコツです。

この本では、そのコツについて、マクスウェルの言葉、そして私の経験に基づき、お話しさせていただきます。

第1章では、「目標」の本当の意味、そして目標を持つことの素晴らしさや、多くの人を縛りつけているであろう、目標達成の間違った認識について、私の失敗体験などを交《まじ》えてお話しします。

第2章では、「本当の自分」を見つけ、達成すべき目標とするための、マクスウェル直伝の最強ツール「アイデンティティの法則」をご紹介します。

このツールを活用することによって、私の、そして私のチームメンバー、家族の人生は大きく変わったと思っています。あなたにもぜひお試しいただきたい「目からうろこ」のツールです。

第3章では、「本当の自分」「なりたい自分」になるためにやるべきこと、心がけることをお話しします。あなたの目標達成をあと押しするものは何か？　邪魔するものは何か？　それらを知ることで、スピーディに目標達成することができるのです。

第4章では、目標達成のための「必須の習慣」ともいうべき、「見える化」についてお話しします。私が毎日活用しているオリジナルの「達成ノート」を、初めて公開します。

そして第5章では、私にとっての目標達成の最終形ともいえる、「誰かの目標達成をあと押しする」こと。その効果的なやり方と素晴らしさについてお話しいたします。

……なぜ多くの人が目標を達成できないのか？

それは、多くの人が目標達成をどこかで「非現実的なもの」と捉えているからでしょう。かつての私のように、勝手に自分で幕引きをしてしまうのです。

でも、ちょっと待ってください。

目標達成には、優《すぐ》れたやり方があります。

達成すべき目標があれば、人生は加速するのです。

そして……目標を達成したあなたは、さらに次の目標に向かうのです。

さらに……目標達成の達人となったあなたは、大切な人の目標をも達成させてあげることができるのです。

そしてそれは、あなたが想像している以上にエネルギッシュで、豊かで、幸福な人生でしょう。

なぜなら……まさに私がそれを経験しているからです。

あなたにも、私が世界一のメンターから学んだ「達成する力」を、あますことなくシェアさせていただきます。

どうか最後までおつき合いください。

豊福公平

目次 CONTENTS

第2章

最高峰の目標達成法「アイデンティティの法則」を実践する

第3章 ゴールに対して、どう動くべきか

第4章

「なりたい自分」を、限りなく鮮明に思い描く

第5章

他人の目標をも達成させる究極の技法

達成する力

世界一のメンターから学んだ「目標必達」の方法

第1章

あなたの目標は何か？

目標の定義とは

まず、「なりたい自分」を目指す

「目標を持つことは大切」

ビジネスであれ、プライベートであれ、必ずいわれていることです。

でも、そもそも〝目標〟とは、どういうことでしょう？

意外にも多くの人が、「目標とは何か？」と問われたときに、答えられません。

簡単にいえば、目標とは「目指す地点」のことです。

だから、目標がなければ、自分がどの方向に進んでいけばいいのかわからない。つまり、どう活動していいかわからないわけです。

それは「ゴール地点」といってもいいでしょう。

そして、「ゴール（目標）は明確でなければならない」ということも、よくいわれていることです。

漠然《ばくぜん》とした「こうだったらいいな……」という感情では、目標達成のために何を、どうしたらいいか？　がわからないからです。

・何を
・どうやって
・いつ（いつまでに）

といった、行動の指針《ししん》が取れないわけです。

たしかに、目標は明確であり、具体的である必要があります。しかし、この本では、目標という言葉を、あえてこう定義したいと思います。

「目標とは、なりたい自分のことである」

たとえば営業職の人の具体的な目標として、こんなことが挙げられるでしょう。

「前年度よりも、売り上げをアップさせる！」

「前年度よりも、顧客数を増やす」

……ところが、そうはいっても、上司や先輩からは「そんな目標じゃダメだ！」と指摘されるはずです。

「来月の売り上げを100万円アップさせる」

「今週中にあと2件の新規顧客を獲得する」

このような具体的な数値目標を掲《かか》げなければならない、と。

あるいはプライベートで、こんな目標を立てる人もいるでしょう。

「今年こそ、絶対に痩《や》せてやる！」

……これも「それじゃあいつまでたっても痩せないよ」となります。

「1ヵ月に2kgずつ。半年で12kg減量する」

「毎日、晩御飯は500キロカロリー以下にする」

具体的で、無理のない目標を設定することこそが、達成の秘訣だといわれます。

たしかに、それは間違いではありません。具体的な数値目標があることは、目標達成において必須条件。

しかし、じつはここに落とし穴があります。

それは、「本当に、その数値目標を達成したいのか?」と、自分自身が思い始めてしまうことです。

つまり、目標を達成させるための「目的」を考えていないということ。


目標を達成させること、それが本当に自分のためになるのか?

自分の人生を豊かにするのか?


目標達成の道のりが険《けわ》しければ険しいほど、人は無意識にそのようなことを考え始めてしまうようです。

そして、結局目標を達成できなかったときにはどうなるか?

「やっぱり自分には能力がないんだ」

「自分は精神力の弱い人間なんだ」

「なんで何をやっても結果が出ないいんだ……」と挫折を味わい、自分を責《せ》める……。こうして、何に対しても消極的な姿勢になってしまうのです。

それはあなたの「本心」なのか？

まずは大枠としての「なりたい自分」があり、そこから、なりたい自分になるための施策として、数値目標が導き出される……。

営業職の例でいえば、本当になりたい自分とは、「売り上げをバンバンあげるトップセールスマン」でもいいのです。

ダイエットでいえば、

「着たかったあの服が似合う、スリムな自分」でいいのです。

すべてのことが、「まずは具体的な数値」では、目標達成の本当の目的を見失ってしまうでしょう。

そして、その目的とは、決して立派なものでなくても構いません。大切なのは、それが自分の本心であるかどうか、です。

たとえば、私がなぜハイパーレスキューを目標としたかというと、それは「カッコいいから」です。

「消防士の花形」「みんなから尊敬される」「親にも誇れる……」。そんな、いってみれば〝ミーハーな気持ち〟が、私の原点。「カッコいいハイパーレスキュー」が、なりたい自分だったわけです。

「でも、なりたい自分なんてわからないよ」

そう感じている人もいるでしょう。

しかしご安心ください。

この本の第2章では、あなたにとっての「なりたい自分」を見つける、とっておきの手法をご紹介します。

「売り上げを上げる営業マンこそが、立派な営業マンだ」

「痩せているほうがカッコいいいんだ」

本心からそう感じているのであればそれは問題ないのですが、それが誰かにいわれたから、世間の常識ではそうだから……では、目標達成の道のりには必ず挫折やあきらめ、逃げが待っているでしょう。

まずはあなたが本心から、目標達成したいと思うこと。

そのために必要なのが、「なりたい自分」なのです。

「やらなければならない」から逃れる

世間があなたの目標達成を邪魔している?

「〝お金を稼ぐ人になったほうがいい〟のが世間の常識。だからそんな自分にならなくちゃ」

「〝仕事ができる人〟がモテるのは当たり前。だからそんな自分になって、みんなに認められることが目標だ」

そんなふうに考えている人も多いのではないでしょうか。

しかし、先ほどもお話ししたとおり、それは本当にあなたの「本心」でしょうか?

いい方を変えれば、あなたにとっての「なりたい自分」とは、本当にあなたのなかから湧き出てきたものでしょうか?

ひょっとしたら、あなたが思い描く「なりたい自分」は、誰かから与えられた〝幻想〟かもしれないのです。

たとえば、その「なりたい自分」は、あなたの親が望む姿かもしれません。

「○○大学に入って、大企業に就職する。それが理想の人生だ」

子どものころからそういわれ続けてきたならば、自然とそれが自分の「なりたい自分」になってしまうでしょう。

あるいは、「上司からいわれているから」という例もあるかもしれません。

「毎月数百万円の売り上げをコンスタントに叩き出す社員こそ、ウチの会社にとって優秀な人材である」

このように毎日、叱咤激励《しったげきれい》され、単なるビジネス上の数値目標の達成を「なりたい自分」にすり替えてしまう人もいるでしょう。

じつは何を隠そう、かつての私がそうでした。

ハイパーレスキュー隊を退職し、一念発起《いちねんほっき》して入った外資系の大手生命保険会社……。

「半年間で結果を出せなかったら、どうなるかわかっているよね？」

入社一週目に、あるチームマネジャーからそんなことをいわれました。

そう、私が入った世界は弱肉強食で結果がすべて。何もかもが自己責任の、まさに外資系企業らしいガチンコの世界だったのです。

「とにかく、人よりも稼ぐことが目標だ！」

「トップクラスのセールスマンになる！」

私はがむしゃらになって、保険の営業に取り組みました。

しかし、なかなか結果が出ない毎日。

「どうすりゃいいんだ」と、外回りの営業中にビルの非常階段に座り込み、途方に暮れたことも何度もありました。

しかしやがて、がむしゃらな営業が功《こう》を奏《そう》していき、私は徐々に契約を預かれるようになっていったのです。

「こんなふうになりたかったの？」

そこからの私は、なりふり構わない〝攻め〟の営業スタイルを推《お》し進めました。

そして、結果的に社内でもトップクラスの営業成績をあげる、保険セールスマンとなりました。

自社の社長賞では毎年表彰され、大企業の経営者、スポーツ選手など、有力なクライアントも抱えました。

自分をより大きく見せるため、高いスーツに身を包み、これ見よがしにブランド物の腕時計を着け、食事やお酒は当然高級店のみ。

プライベートでも、車はもちろんポルシェ。

……そんな生活をしていました。

「（社内で）トップクラスのセールスマンになる」

この目標は、完全に達成できたわけです。

ところが……。

目標達成した自分の姿に、私はある種の虚《むな》しさを感じていました。

「お金を稼いで、じゃあ、それで何なの？」

「毎日が戦いの日々。ちょっと疲れちまった。でも仕方がないよな……」

そんな思いが、常にあったのです。

さらに、ビジネスを離れたところでの人間関係においても、潤いが感じられなくなっていました。

「あなた、お金のことばかり考えているみたい」

妻からは、そのようなことをいわれました。

「お前、それで楽しいの？　バカか？」

「どんなに嫌みな人間になったか、早く気づけよ……」

故郷の先輩からは、そんなキツい言葉も向けられました。

そこで初めて思ったのです。

「俺、こんな自分になりたかったの？」

「こんなことを、俺は求めていたの？」

と。

偽《いつわ》りの自分

目標達成のためには、なりふり構わずがむしゃらになる……。

私はそのやり方を否定するつもりはありません。

実際に、何をやっていいのかもわからないダメダメセールスマンの私が、トップクラスのセールスマンになれた要因の一つは、この〝がむしゃらさ〟にあったのは事実なのですから。

しかし、目標達成の果てに待っていたのが「虚しさ」だなんて、あまりにもさびしすぎるのは、いうまでもありません。

私が「なりたい」と考えた自分は、自分を大きく見せ、偉く見せようとする、演出された「偽りの自分」だったのです。

「こんな人間にならなければならない」

そんな思い込みがあったとしても、それが「ありのままの自分」としてふさわしいかどうか? これを考えなければなりません。

「ありのまま」になることの大切さ

自分の人生を愛する

極めて個人的な話題になりますが、ここで、なぜ私がハイパーレスキュー隊を辞めたかについて、少しお話しさせてください。

「努力して、消防士の花形であるハイパーレスキューに登り詰める!」

「一人でも多くの命を救いたい!」

かつての私には、そんな情熱がありました。

もちろん、ハイパーレスキューはやりがいのある仕事だと思います。人の生き死にを左右するわけですから、ある意味、神聖な仕事ともいえます。

訓練の場でも、実際の災害現場でも〝手を抜く〟なんてことは一切ありませんでした。いつ、どこでも集中し、全力を尽くす……そうしなければ務まらない仕事だったたのです。

しかし……次第に私は、そんな仕事に情熱を感じられなくなっていったのです。

セミナーや書籍、そして直接教えを乞《こ》う際に、ジョン・C・マクスウェルは常々このようなことをいっていました。


「情熱こそが、上を目指し、目標を達成させる原動力になる」


残念ながら、ハイパーレスキューとなった私は、その情熱を失おうとしていました。

任務が過酷すぎたから？

もっと高い賃金が欲しかったから？

たしかに、そんな気持ちがあったことは否定できません。

自分の一挙手一投足《いっきょしゅいっとうそく》が、救助対象者の、仲間の消防士の、そして自分自身の生死に関わる現場に、私は疲れを感じていました。

「それなのに（公務員だから）給料は高くない」

この事実に、わずかながらの不満を感じることもありました。

そして、こう思い至ったのです。

「そんなことを考えるような俺は、ここ（ハイパーレスキュー隊）に居てはいけない」

「振り返る」とわかるもの

マクスウェルは、人の成功の要因として、「自分を振り返ること」、つまり内省《ないせい》することをとても重視しています。

当時の私はまだマクスウェルの教えを熟知していたわけではありませんでしたが、この「自分の振り返り」は、常におこなっていました（それは現在でも続いており、本書でご紹介するノウハウは、私の「自分を振り返る方法」の集大成ともいえます）。

ハイパーレスキューは、本当に過酷な仕事です。人の命を預かる、尊い仕事です。強い使命感がなければ続かない、使命感がなければ許されない世界なのです。

ところが、振り返った自分、ありのままの自分には、その使命感がなかった。

もちろん任務には全力を尽くしていました。しかし「疲れた」「もっと楽がしたい」という気持ちが湧き出ていたのも事実。要するに、ありのままの自分には、ハイパーレスキューへの情熱が薄れていたのです。

「仕事に使命感、情熱を持てない自分は、ここに居てはいけない……」

そう考えて私は、退職を決意するわけです。

2つの質問をする

「どうやって、自分の人生の目的を定めたらいいか?」

この答えとして、マクスウェルは、自分自身に対して次の2つの質問をすることを教えてくれます。

① 私は何に対して「情熱」を持っているか?

② 私は何が得意か? どんな才能を授《さず》かったか?

「情熱」は、自分の人生の目的を見つけるうえで大きな役割を果たすといいます。

また、人が情熱を傾ける対象は、多くの場合、持って生まれた才能だともいっています。あとづけになってしまいますが、これは「ありのままの自分」を見つめるための手段といえるでしょう。逆にいえば、情熱が持てなくなった仕事には、使命感も感じられなくなる、ということです。

かつての私は、「あのときハイパーレスキューを辞めてしまったのは、自分に根性がなかったからかなあ?」と思うこともしばしばでした(とくに、うまくいかないセールスマン時代は)。

しかし、それが間違いではなかったことを、マクスウェルは教えてくれたのです。

「やりたいこと」は、どうすれば見つかるか

「情熱」という原動力

最高の自分になるために、まず必要なこととして、マクスウェルは「自分を信じること」を挙げています。

① 自分の可能性を信じる
② 自分の能力に自信を持つ
③ 自分の使命に自信を持つ

この3つができれば〝最高レベル〟の自分になれる、というのです。
外資系の大手生命保険会社でトップセールスマンとなった私は、まさにそうでした。

何をやっていいかわからないと思っていた私でしたが、「このまま終わるわけがない」という自信（根拠はなかったとしても）は、常に持っていたものです。トップセールスマンとしてお金を稼ぐ……その可能性を否定することはありませんでした。

順調に契約を預かることができ、だんだんと成績が上がってくるにつれ、私は自分の能力＝営業スキルに完全な自信を持つことができました。

また、「お客様の身になる」ことを使命とし、それによって評価を得ていたことから、自分の使命には絶対の自信がありました。

思えば、ハイパーレスキュー隊員となってからの私は、この3つの自信を失っていたのでしょう。

だから〝行き詰まって〟しまったのです。

しかし、目標を達成できたからといって、それで人生大満足というわけにはいきません。前述のように、私はトップセールスマンである自分に「偽りの自分」を感じ、虚しい気持ちになったわけです。

消防士のときも、懸命に取り組んで獲得したハイパーレスキュー隊員というポジションを、途中で投げ出したのです。

何が原因だったのでしょうか？

そう、自分を振り返った際に気づいた、**「情熱のなさ」**です。

マクスウェルの「情熱こそが目標達成の原動力」という教えは、たしかにそのとおりです。

しかし逆にいえばこれは、情熱がなくなってしまえば、そこから先へは行きにくい……ということでもあるのです。

「なりたい自分」が見えた瞬間

トップセールスマンの私は、同じ会社の先輩方にも食事やお酒をご馳走しているときもありました。もちろん高級店で。

なぜなら、私のほうが稼いでいたからです。

「勝てば官軍」

後輩だろうが、結果を出している人間がスポットライトを浴びる。これが外資系企業のスタイルなわけです。

私はその渦中で、まさに「独《ひと》りバブル」状態で浮かれていながらも、最終的にはそこに違和感を覚えました。

そのきっかけは、妻や故郷の先輩からの批判もありましたが、やはりマクスウェルのいう「自分を振り返る時間」を持ったことが大きいでしょう。

「経験・体験そのものが自分の最高の先生になるのではない。評価された経験、振り返られた経験こそが最高の先生なのだ」

マクスウェルはそう教えています。

自分自身を真剣に、そして丁寧に振り返った際、私はこの「独りバブル」状態、「偽りの自分」が、本当になりたい自分ではないことに気づきました。そこにはもう、情熱はなかったわけです。

では、どんな自分になりたいのか?

それは「仲間とともに成長していく自分」でした。

図々しいようですが、やはり私は、完全個人主義の外資系のやり方よりも、まわりの仲間たちと協力し合い、結果を出し、共に喜び合うハイパーレスキューのスタイルを目指したかったのです。

「仲間を集めて、日本一の保険代理店をつくる」

私はこうして、新たな目標を見つけたのです。

目標は変わってもいい

思い込みに振りまわされない

「やりたいことが見つからない」

「だから、目標も立てられない」

そう考えている人もいるでしょう。

しかし、本当に「やりたいこと」が見つかり、それを目標として達成するために日々行動している人は、そう多くはないはずです。

「やりたいことは、見つけなければならない」

という考え自体、私は単なる思い込み、「世間の常識」に従っているだけだと思います。ですから、まず考えるべきは「なりたい自分」なのです。

自分が今後どのようになりたいのか……。

たとえば、いまよりも業績をアップさせたいのか？

もっと仕事以外の時間を充実させたいのか？

好きな人と結婚したいのか？

いまの仕事を極めたいのか？

これに数値目標や期限（いつまでに？）が加わることで、「なりたい自分」は明確な目標となります。

「やりたいこと」を探すというのは、はっきりいって無理がある話。でも、「なりたい自分」なら、きっと見つかるでしょう。

自分を確認する作業

とはいえ、「なりたい自分」も、日ごろから意識していないと、日常に流されるままに見失ってしまうでしょう。

そこで必要なのが、マクスウェルのいう「自分を振り返る時間」、内省です。

第2章で詳しくお話ししますが、この時間を有効に使うことこそ、あなたが目標を達成し、人生を豊かに過ごすための条件です。

さらに自分を振り返ることで、あなたは……

・自分の可能性
・自分の能力
・自分の使命

に気づくことができるでしょう。

そう、マクスウェルが「最高の自分になるために信じるべき」と教える、3つの要素です。

これに気づけば、あなたは自分の能力を最大限に発揮し、スピーディに目標達成を成し遂《と》げるはずです。

私も、自分を振り返ることによって「なりたい自分」を確認してきました。

ここまでお読みいただいたあなたは、私の「なりたい自分」の変化をご承知でしょう。

「プロテニスプレーヤー」

「ハイパーレスキュー隊員」

「トップセールスマン」

「日本一の保険代理店」

なかには、「ずいぶん移り気なヤツだなあ」と思う方もいらっしゃるかもしれません。

しかし、「なりたい自分」は、自身の成長につれ、変わって然《しか》りのものなのです。

昨年考えていた「なりたい自分」と、今年考える「なりたい自分」が違う……だからといって、決して間違っているわけではありません。

当たり前のことながら、昨年の自分と今年の自分では、たった一年とはいえ、経験値が違うのです。

これまで気づかなかったことに気づいた、いままではなかったスキルを習得した、立場が変わった……。それで「なりたい自分」が変わるのは、自然なことといえるでしょう。多くの人がこれに気づかず、たった一つの「なりたい自分」になれないからと嘆《なげ》いています。

だからこそ、定期的な「振り返り」の時間を、あえて持つことが必要なのです。

その振り返りの際に重要なキーワードは、「ありのままの自分」。そして、「情熱」です。

マクスウェルがいうとおり、目標達成の原動力は「情熱」です。

「ありのままの自分が情熱を傾けられることは何か?」

振り返りでそれを見つけましょう。

「30代なのだから、年収○○○万円を目指さなければならない」

「みんなが出世を狙っているから、自分もキャリアアップを」

そういった〝借り物〟の目標は、この際忘れましょう。

人生を豊かにする目標は、振り返りからしか生まれないと、私は思っています。

第2章

最高峰の目標達成法「アイデンティティの法則」を実践する

すべては「自分を知ること」から始まる

情熱は十人十色《じゅうにんといろ》

「目的地を決めていなければ、人生は迷走してしまう」

マクスウェルはそう教えています。では、目的地を決めるうえで必要なこととは？

たとえばあなたが地図を見ながら目的地を決めようとします。そのときに確認するのは……そう、「現在位置」です。

『目的地と現在位置を明確にする。それが『自分を知る』ということである』

これは私が大きく影響を受けた、マクスウェルの言葉です。

「ありのままの自分とは何か？」

「自分が情熱を傾けているのは何か？」

これらがわかっていなければ、自分の才能を存分に発揮することもできず、やりたいこと、やるべきこともわからない……。誰かが定めた理想や世間の常識を「なりたい自分」に置き換えてしまう。つまり、目的地を他人に決められてしまうのです。

「自分だけの人生を生きる」ということ

当たり前のことですが、「ありのままの自分」は、人によって違います。また、何に「情熱」を傾けられるかも、十人十色です。

しかし多くの人が、「自分を振り返る」という作業をおこなっていないがために、本当の自分を知らないまま、毎日忙しく過ごしているでしょう。その結果……、

「やりたいことが見つからない」
「まわりに比べて、劣《おと》っている自分が恥ずかしい」
「仕事が面白くない」

……などということになってしまうのです。

このような人たちは、「人生を迷走している」といえるでしょう。

「自分独自の人生計画や目標がなければ、別の誰かの人生に取り込まれてしまうだろう」

マクスウェルはこのようにいっています。

「自分にしかない〝なりたい自分〟」
「自分にしかない〝情熱〟」
「自分にしかない〝才能〟」
「自分にしかない〝価値観〟」

こういったものを知ることから、人は「自分だけの人生」を生きていけるのだと、マクスウェルは教えてくれました。

自分を知るための時間……それは人生において、極めて重要な時間なのです。

この章では、自分を知るための時間に「何をすればいいか？」について、詳しくお話ししていきたいと思います。

ジョン・C・マクスウェルが教えてくれたこと

「やっと歩き出せる」と感じたとき

ここで、私とジョン・C・マクスウェルの出会いについて、少しお話しさせていただきます。

マクスウェルは、冒頭でご紹介したように、「リーダーのリーダー」「世界一のメンター」の異名を持つ、リーダー育成、能力開発、そして、夢を実現させる方法の世界的エキスパートです。

数多くの著書を持ち、日本でも何冊もの本が翻訳出版され、その累計部数は1800万部を超えるという、まさに世界的権威です。

マクスウェルの存在は、当然私も知っていました。

トップセールスマンから起業、つまりチームを率いて、一丸となって大きな目標に向かっていこうという考えにシフトし始めていた私にとって、マクスウェルのリーダーシップ論はまさに理想のものでした。

「いつか直接教えを乞うことができれば……」

そんなことを常に考えていたものの、それは遠い夢のようなものだったのです。

しかし、２０１０年、チャンスがめぐってきました。

中国・上海でおこなわれるセミナーで、ジョン・C・マクスウェルが講演する……という情報が、偶然にも私のもとへ入ったのです。

私はいてもたってもいられず、すぐにあらゆる仕事をキャンセルし、上海のセミナーに参加しました。

マクスウェルの講演は、使い古されたいい方ではありますが、まさに〝目からうろこ〟の連続でした。

リーダーシップ論のみならず、自分の夢を実現させるための心構え、人生を豊かに生きるために必要なノウハウを、これでもか！　というくらいに語ってくれたのです。

当時の私は、新しい道=独立・起業に向けて、かなり気負っていた部分があったと思います。

「できるリーダーとは、こうでなければならない」

「優秀な組織をつくるためには、精巧《せいこう》な理論が必要だ」

「失敗したら、大変なことになるぞ」

「社長として、品格のある人間にならなければ、人はついてこない」

そのように、いわば「世間の常識」に飲み込まれていたといってもいいでしょう。

マクスウェルの教えは、そんな「こうしなければならない」という呪縛《じゅばく》から、私を解放してくれました。

そう、それが「まず、自分を知る」ということだったのです。

「自分だけにしかできないこと、自分だけのやり方を見つける」

「世間に振り回されずに、自分の理想とするかたちを追っていけばいい」

マクスウェルはそのことを教えてくれました。

「やっと新しい道を歩き出せる！」

私はそんな予感に包まれました（そしてそれは現実のものとなるわけです）。

内省の大切さを知る

その後、私は彼に積極的にアプローチをし、なんと直接彼から教えを乞うことができる立場となれたのです。

このときマクスウェルから教えられたリーダーシップ論については、前著『ジョン・C・マクスウェル式　感情で人を動かす』（きずな出版）で詳しくお話しさせていただいていますが、私がこれまでのマクスウェルの教えで一番印象深いのが、「自分を知る」ということ。

つまり「内省」です。

これはリーダー、一個人に拘らず、人生を生きていくうえで、とても大切なことだと実感させられました。

あらためて思えば、私がこれまでの人生のなかでいくつもの目標を達成し、そして次なるステージを求め、新たな目標を立て、それをまた達成させる……というループに入っているのも、自分を振り返る時間があったからです（当時はその重要性には無自覚で、習慣としておこなっていたのですが）。

・自分の経験を「見識」に変えられる（役立てることができる）
・自分が「正しい道」をたどっているかを確認できる
・自分の核がわかる
・直感が冴える

これらも、一人きりになり、内省の時間を取ることで得られるものだと、マクスウェルはいいます。

私はいまでも内省の時間を欠かしません。

どんなに過密なスケジュールのなかでも、30分でも10分でも、必ず一人きりで自分を振り返る時間をつくります。

「ちょっと内省してくるから」と、会社でも自宅でも、別室にこもる、あるいは散歩に出かける……。

会社のスタッフも妻も、もう慣れたものです。いまでは「ごゆっくりどうぞ」なんていってくれます。

それが私にとって、ひいては自分たちにとって、大きなメリットを生むことを知ってくれているわけです。

毎日の内省の際に考えることは、さまざまです。

今日の経験、明日の予定、出会った人たち、仕事の進捗具合、やり残していることはないか考える、未来の姿を想像する、などなど。

そして、決して忘れてはいけないのは、「なりたい自分」です。

この「なりたい自分」が、すなわち人生の大目標になることは、前章でお話ししたとおりです。

これも当たり前のことですが、「なりたい自分」というものもまた、人それぞれです。

誰かのお仕着せではなく、ありのままの自分が考える「なりたい自分」。

つまり、人はさておき、**自分はどんな価値観を持っているのか？**

何を大切にして生きているのか？

ということを確認しなければなりません。

そのためにマクスウェルは、とっておきのフレームワークを用意してくれました。

それが次項からご紹介する「アイデンティティの法則」です。

「アイデンティティの法則」で、大切なものを知る

欲しいものは人それぞれ

あなたは、どんなことを「仕事をがんばる動機」と感じるでしょうか？

つまり、何が仕事の「報酬」であれば、優れた仕事ができるでしょうか？

「もちろんそれは、お金に決まっているよ」

そう考える人は多いでしょう。

しかし、人が仕事の報酬と考えるものは、じつはお金だけではありません。

マクスウェルは、リーダーシップ論の観点から、人（チームメンバー）がパフォーマンスを上げるための報酬として、次のものを例に挙げています。

①金銭
②ねぎらいの言葉、励まし
③休み（休暇）
④分け前
⑤やりたい仕事
⑥昇進
⑦裁量権
⑧成長の機会

あなたにもきっと当てはまるものがあるでしょう。
それぞれを詳しく見ていきましょう。

「**金銭**」とは、文字どおりお金のこと。
がんばって結果を出せば、それ相応のギャランティがもらえる……。もっともわかりやすい報酬のかたちです。

上司や同僚、家族からの**「ねぎらいの言葉」**や**「励まし」**を動機として仕事をする人もいます。

「よくやってくれた」「あなたのおかげ」「がんばってくれてうれしい」。そんな言葉を聞きたくて仕事をする、というのも人間の感情です。

また、プライベートを大事にしている人や、仕事に疲れを感じている人は、**「休み」（休暇）をもらう**ことが、何よりの喜びと感じるかもしれません。

「楽しい週末のために仕事をがんばる」という人は、多いはずです。

「分け前」とは、会社の経営方針や方向性に意見を述べて関与できる、ということです。「自分が会社を成長させている」ということに喜びを感じる人もいるでしょう。

「**やりたい仕事**」ができるようになるために、仕事をがんばる人もいます。

このような人がチームメンバーにいるようなら、リーダーは積極的に前向きな配置転換＝本人がやりたい仕事をやれることを考えるのも重要です。

「結果を出せば出世できる」……つまり**昇進する**ことが一番の望みだ、という人もいるでしょう。これも金銭同様、わかりやすい報酬といえますね。

「自由」を与えることで、仕事のパフォーマンスを上げる人もいます。

「好きなようにやっていいよ」という、つまり「**裁量権を与える**」ということです。

そして仕事において「**成長の機会**」を喜ぶ人もいます。

人との出会いやスキルのアップ、新しい学びをバネに、さらにパフォーマンスを上げる人です。

もちろんどのケースが正しいか？　という問題ではありません。

リーダーは、相手が何を望んでいるのか、何を欲しがっているのかを把握し、一人ひとりにふさわしい報酬を考えるべきだ、ということです。

「十分な給与を払っているのに、やる気を出してくれない」

そんな場合には、相手（チームメンバー）が欲しいものが「金銭」だけではない、ということもあるのです。

38　のアイデンティティを知る

人の価値観は人それぞれです。

誰もが、自分の価値観に則《のっと》って生きていきたいでしょう。

それが、「目標＝なりたい自分」ということなのです。

しかし、「あなたの価値観は何ですか？」と問われて、即答できる人は少ないと思います。

だからこそ、日々の内省で、価値観を確認していなければならないのです。

そのためのとっておきのツールが、マクスウェル式の「アイデンティティの法則」です。

マクスウェルが挙げる、人間の計38に及ぶ価値観（アイデンティティ）のなかから、自分が大事にしているものを選び出す。

作業としては、このように極めて簡単なものです。

まずは次のページの、計38のアイデンティティをご覧いただきましょう。

38のアイデンティティ

1. 責任
2. 達成
3. 権力
4. 平衡
5. 変化
6. コミット
7. 能力
8. 勇気
9. 創造力
10. 顧客満足
11. 多様性
12. 効果的
13. 効率
14. 公正
15. 信念／宗教
16. 家庭
17. 健康
18. 楽しみ
19. 成長
20. 正直さ
21. 独立
22. 誠実／高潔
23. 知識
24. レガシー＝遺すもの
25. 忠誠
26. 金銭／財産
27. 情熱
28. 完璧
29. クオリティ
30. 表彰
31. シンプル
32. 地位
33. 形式
34. チームワーク
35. 信用
36. 緊急
37. 奉仕
38. 智恵

アイデンティティから導かれた本当の自分

「アイデンティティの法則」の実践

さっそく「アイデンティティの法則」を使って、内省の作業をおこないましょう。

（1）まず、38のアイデンティティのなかから、あなたが大切にしている価値観6つに○をしてください。

（2）次に、○をした6つの価値観のなかから、さらにそのなかでも大切なもの3つに○をしてください。

（3）次に、○をした3つの価値観のなかから、さらに大切なもの2つに○をしてください。

（4）最後にその2つのうち、どちらがより大切かを考え、ナンバーワンを決めます。

単純ですが、これが「なりたい自分」を探すための、極めて効果的な作業です。

一言で「自分の価値観」といっても、それは一つであるとは限りません。

「あなたの価値観は何ですか?」と誰かに訊《たず》ねられても即答できないのは、そのためです。「まあ、いくつかありますけど……」となるのが普通なのです。

「アイデンティティの法則」は、このいくつかある価値観に優先順位をつけ、本当に自分が目指す自分を見つける、というものです。

解説・38のアイデンティティ

では、一つひとつの価値観=アイデンティティがどのようなものなのか? その価値観を持つのはどのような人なのかについて、簡単にお話ししていきましょう。

①責任……

「自分の行動、そして結果について責任を持つ」。いってみれば、ビジネスにおいても、プライベートにおいても、責任感こそが自分の大切なものだ、ということです。

②達成……

「常に最高水準を目指す」という気持ちです。数値目標でも、クオリティに関することでも、自分のベストを尽くす、ということです。

③権力……

「意志決定、人事等についての権力を持つ」。前述のように「分け前」がビジネスの報酬となり得る人は、この価値観を大切にする人です。

④平衡……

英語でいう「バランス」です。「仕事、家庭、趣味のバランスを取る」ことが大事だ、と感じる人もいるでしょう。「ライフワークバランス」について真剣に考える人は、この価値観を強く持った人です。

⑤変化……

「変化を好み、改善するために違った手法を試す」。現状には満足せずに、いまとは違ったやり方、いまよりいいやり方を探すことを大事にする人です。

⑥コミット……

「仕事などに対して、気持ち（感情）も思考（頭脳）もコミットしている」。これは私の解釈では、仕事などに対して、中途半端な気持ちではなく〝すべて〟〝心から〟関わることを意味します。

⑦能力……

「スキル、必要な力がある」。人よりも優れた能力を持つこと、スキルを磨くことを目指す気持ちです。

⑧勇気……

「居心地のいい場所から抜け出す勇気」。新しいことに挑戦したり、リスクを冒《おか》すことも厭《いと》わないという勇気が価値観だという人です。

⑨創造力……

「新しい方法を考えて目標達成する」。既存のものに頼ろうとしない、クリエイティビティを高めたい人は、この価値観を持っています。

⑩顧客満足………

「高い顧客満足度を目指す」。文字どおり、ビジネスにおいて顧客、取引先から喜ばれることこそが大切だ、というものです。

⑪多様性………

「多様な文化を受け入れる」。さまざまな文化に触れ、柔軟に受け入れることを目指す人もいるでしょう。海外に興味を持つ人などは、この価値観が強いのではないでしょうか。

⑫効果的………

「結果を得るための実行力」。「仕事ができる人」といわれることを喜ぶ人は、この価値観を持っているのではないでしょうか。

⑬効率………

「無駄なく、効率的に結果を出す」。時間を有効に使うこと、仕事にレバレッジを効かせて効率的に稼ぐことをよしとする人の価値観です。

⑭**公正**……

「公平に人を扱う」。平等精神を持ち、差別をせず、誰に対しても同じ態度でいることを大切にするという価値観です。

⑮**信念／宗教**……

「信仰するもの」。大切にしているのが宗教であったり、自身の信じる精神的なもの、という場合ももちろんあります。

⑯**家庭**……

「家族といる時間、その質と量」。「家族が一番大切」という人も、もちろん大勢いるでしょう。家族と一緒にどれだけ充実した時間を過ごせるか？　ということを考え、実際に大切にしようとしている人です。

⑰**健康**……

「心身の健康」。年齢や経験から、「健康であることこそが大事」という人もいるでしょう。

⑱**楽しみ**……

「ユーモア、笑うこと」。いつも楽しく、笑って人生を過ごしたい……それも素敵な価値観です。

⑲成長……………

「自分の成長に投資する」。勉強や自己投資に熱心な人は、この価値観を持っていることでしょう。読書やセミナー参加など、学びの機会を大切にし、仕事においても自身の成長度合いを気にかけます。

⑳正直さ…………

「嘘をつかないこと」。嘘は大嫌い。嘘をつかないで生きていきたい……ということを人一倍気にかける人もいることでしょう。

㉑独立……………

「他者の影響や指示を受けない」。独立独歩、一人で何でもやることに人生の価値を感じる人もいます。独立志向の強い人はそうでしょう。

㉒誠実／高潔…………

「どんな状況でもブレない自分」を大切にする……つまり、まずは自分自身に対して誠実でいることに価値があると考える人です。

㉓知識……

「経験や学習を通して専門性を高める」。他者にはない、自身の専門性こそに価値を感じ、それを高める努力をしようとしている人です。

㉔レガシー＝遺すもの……

「将来を考えた今日の変化」、つまり、自分が将来に対して何を遺すことができるのか？　を考え、行動するという価値観です。

㉕忠誠……

「人、仕事、文化などへの忠誠」。英語でいう「ロイヤルティ」です。「誰かのために何かをやりたい」「何かのために何かをやりたい」という意味です。

㉖金銭／財産……

「物質的な豊かさ」。〝金銭欲〟〝物欲〟といういい方もできますから、一見ネガティブな価値観に思われがちですが、決してそのようなことはありません。お金を手に入れたくて生きる、何かモノを手に入れたくて生きる……それも価値観の一つでしょう。

㉗情熱……

「ワクワクする気持ち、やる気」。自然に湧き出るやる気、これをやりたくて仕方がない！　という気持ちに従って生きたいと願う人です。

㉘完璧……

「ミスのないことを目指す」。いわゆる〝完璧主義者〟は、この価値観を持っているのでしょう。

㉙クオリティ……

「素晴らしいクオリティ」。クオリティの高い仕事がしたい、クオリティの高いモノがいい……何事に対しても、クオリティを重視する価値観です。

㉚表彰……

「表彰されること」。自分の価値が世のなかに認められ、その証として表彰されることを追い求める人もいます。「○○賞を取るぞ！」と、何らかの賞の獲得を目指している最中の人などは、これが価値観となるはずです。

㉛シンプル……

「簡単に、無駄を省《はぶ》くことを追求」。⑬の「効率」と似ていますが、こちらはよりカジュアルで、日常において「面倒なことはやりたくない」といった価値観でしょう。

㉜地位……

「役職、ステイタス」。文字どおり、自分自身の地位向上を目指す人は、この価値観を持っているでしょう。

㉝形式……

「きちんとしていること」。だらしない生き方、ルールから外れることを避け、形式を重んじることこそがよい、という価値観です。

㉞チームワーク……

「グループ、チームで一致団結すること」。文字どおり、チームワークを重んじ、チームで目標を達成することに喜びを感じるという価値観です。

㉟信用……

「人からの信頼度、高潔さ」。人から信頼されることに喜びを感じ、人の信頼を裏切らないように生きようとする価値観です。

㊱緊急………

「すばやい行動」。どれだけすぐに行動できるかを価値観とする人もいます。あまりピンと来ないかもしれませんが、私自身を振り返ってみると、ハイパーレスキュー隊員だったころの私は、この「緊急」が価値観の上位にきていました。

㊲奉仕………

「NPO、ボランティアなどでの奉仕」。文字どおり、他者に奉仕することを喜びとする価値観です。

㊳智恵………

「正しい判断のための深い理解」。物事を深く理解すること、そしてそこで得た智恵を使って、正しい判断ができるようになることを目指す価値観です。

価値観は変わるものである

長くなりましたが、これがマクスウェルの挙げる38のアイデンティティです。

あなたは、このなかから、自分の価値観だと思うものを選べばいいのです。

ここで覚えておいていただきたいのは、**価値観は「持って生まれたもの」とは限らない**、ということです。

積み重ねた経験や印象的な体験、あるいは取り巻く環境、自身の立場の変化から、人の価値観は常に変わっていくものです。

たとえば去年の自分と今年の自分を比べてみても、大切にする価値観には違いが出ているはずです。

独身だった人が結婚し、子どもが生まれたとすれば、新たに「家庭」という価値観が上位に来ることもあるでしょう（実際にかつての私がそうでした）。「金銭／財産」がトップの価値観だった人が、「チームワーク」を欲するようになることもあります（これもかつての私ですね）。

価値観は変わるもの。

だからこそ、この「アイデンティティの法則」を使って、日々、定期的に内省の作業をおこなってみる必要があります。

それが「自分を知る」ということなのです。

いまのあなたの目標に、
自分のアイデンティティは入っているか？

なぜか達成できない「今年の目標」

「アイデンティティの法則」であなたは、自分の大切にしている価値観を確認し、「なりたい自分」が見えてきたはずです。

おわかりのように、38のアイデンティティには世間的に「これが正解」というものはありません。

「『楽しみ』よりも『奉仕』のほうが大切なんだ」

「『家庭』よりも『能力』を大切に考えなければ、身もフタもない」

……そんなことはないのです。

マクスウェルの挙げたアイデンティティに優先順位をつけるのは、ほかでもない、あなた自身です。

多くの人が、このような世のなかにあふれるさまざまな価値観を前に、どれが自分にとって目標とすべき、つまり「なりたい自分」とすべきものかを、真剣に考える機会を持ちません。

だから、借り物の「なりたい自分」に疑問を感じたり、「偽りの自分」に疲れてしまうのです。

偽りでない、本当の自分が求めていることを知れば、あなたは何の躊躇《ちゅうちょ》もなく、目標に向かってアクションを起こせばいいだけなのです。

たとえば、一年のはじめに「今年の目標」を立てる人も多いことでしょう。

「昨年より売り上げを○%アップさせる！」

「年末にはハワイ旅行に行く！」

「早起きを徹底して、朝型生活を送る！」

……そうやって気合いを入れるものの、目標はなかなか達成できません。

それどころか、日々の忙しさのなかで、立てた目標自体を忘れてしまう人もいるでしょう。

アイデンティティが入っていないからうまくいかない

なぜ目標を忘れてしまうのでしょうか？

そう、**「今年の目標」のなかに、自分の大切にしているアイデンティティの要素が入っていないから**です。

「なりたい自分になる」ことが目標達成であるのに、その「なりたい自分」をないがしろにして、「こうしたほうがよさそうだ」といった、安易な気持ちで目標を立ててしまうため、自分の思いに矛盾《むじゅん》ができるのです。

たとえば「クオリティ」をアイデンティティとし、モノづくりにおいて素晴らしい質の商品をつくり出そうとの思いにあふれているはずの経営者が、「売り上げ○%アップ！」を前面に押し出した目標を立てても、それはいってみれば「偽りの目標」になってしまいます。

たしかに、経営者にとって年間の売り上げ目標は欠かせないものです。しかし、ありのままの自分の優先順位に従わなければ、必ずどこかで〝自己矛盾〟が起きてしまうでしょう。

ですから、まずは「クオリティの高い商品をつくる」ことを目標とし、そのための施策を考える……。そして、クオリティの高い商品をつくったことによって売り上げがアップする……。思考の順番をこのように変えなければならないのです。

もちろん、アイデンティティの反映は年間目標に限った話ではありません。週間スケジュール、日々のスケジュール……すべての予定にアイデンティティを入れることで、「なりたい自分」がつくられていくのです。

第3章

ゴールに対して、どう動くべきか

いますぐ行動せよ

旅の計画を立てろ

「いますぐ行動すること」

マクスウェルは目標達成、自己成長の秘訣として、しばしばこの言葉を使います。

「多くの人が、知識を持っているのに行動を起こさない。行動を起こさなければ意味がないし、成長もできないだろう」

私も直接、彼からそう教えられました。

アイデンティティで「なりたい自分」がわかったなら、その自分になるために具体的にどんな行動をすればいいのかを考え、すぐに行動に移すべきなのです。

ただし、彼のいう「いますぐ行動すること」とは、あくまでも「なりたい自分」や、プランあってのもの。「思いついたことを何でもやってみる」ということではありません。私も、「石橋を叩いて渡る」タイプの人間です。何か新しいことを始める際には、かなり綿密《めんみつ》なシミュレーションをおこなうのです。「人生という旅の計画を立てろ」。このマクスウェルの教えを、私なりに守っているわけです。

最悪を想定する

じつは、私がシミュレーションを徹底するのには、ある個人的な経験も影響しています。それは、外資系の大手生命保険会社でトップを取っていた時代……〝独りバブル〟の後期に、人から騙されまくったことです。

「介護ビジネスをやるから、手伝ってくれないか?」

「インドとビジネスを始めるので、出資してくれないか?」

そんな言葉に「よし!」とばかりに即答し、結局騙されて終わり……ということが何度もありました。そんなこともあり、私は事を実行するにあたってのシミュレーション、計画の必要性を痛感したのです。

「行動しなければ何も始まらない」。しかし、「計画を立てなければ、行動できない」というわけです。

いまの会社を立ち上げる際も、かなり綿密なシミュレーションを繰り返しました。また、会社が急成長していった際にも、「本当にこの計画でうまくいくのか?」ということを考え続けました。そのときに意識したのが、「最悪の場合を考える」ということ。

実際に、〝もう少し資金があれば会社がもっと成長できる〟という局面では、「最悪、家も車も売ってしまえ」とまで考えたものです。

そのときの私のアイデンティティは、「家庭」「チームワーク」だったので、家族との豊かな時間を確保でき、会社がうまくいけば、ほかのものには大した価値はなかったのです。

マクスウェルの「いますぐ行動を起こせ」という教えには、アクションプラン＝行動の計画が必要だ、ということを覚えておいてください。

「見える化」すれば、プランは進む

「書き出す」ことの重要性

マクスウェルは、「成長のための内的要因」として、次の3つを推奨《すいしょう》しています。

①「書くこと」
②「自分を振り返ること」
③「行動を起こすこと」

②と③の重要性については、前述のとおりです。
自分を振り返る時間をつくる……ここでは「アイデンティティの法則」が、本当の自分を知るために役立ちます。

行動を起こす……せっかくの目標も、何も着手しなければ、ただの絵に描いた餅。まずは計画を立てるというファーストアクションが必要なのです。

では①の「書くこと」とは？

文字どおり、目標そのものや目標達成への道のり、自分の思い、体験などを紙に書き出すことを意味します。

「〝書く〟という行為には、不思議な力が秘められている。目標などを書き出すことで、目的意識がより明確になるのだ」

マクスウェルはそう教えています。

つまり、自分の目標や計画が、漠然としたものでなく、より具体化される、ということです。

私はこれを目標・計画の「見える化」として、日々実践しています。

大きな目標をノートに書いておくことはもちろん、こまかい数値目標や達成の期限、日々の気づきなど、何でもノートに書いていきます。

人生の夢や希望、アイデンティティの法則で確認した自分の価値観も、あえて毎日書くことにしています。

場合によっては、書いた内容を全社員とシェアすることもあります。これがチームワーク＝仲間と一緒に目標を達成するうえで、非常に有効なのです。

見せることで、思いがシェアできる

「人の上に立つ人間は、自分の智恵や資源、機会を分かち合う」

「人は、大きな夢についてゆく」

「相手を動かしたいなら、まず自分から動く」

これはマクスウェルの教える、リーダーシップの極意です。

この教えを私なりに愚直に実践したのが、ノートのシェアなのです。

私が人との出会いや読んだ本、参加したセミナー、仕事のなかで得た気づきを、仲間と分かち合う。

私が日々思い描いている夢、ビジョンをわかりやすく見せる。

仲間との目標達成のためにさまざまな計画を立案、実践している……つまり私が目標に向かって「動いている」ことを見せる。

「そこまでやるか！」と思う人もいるでしょうが、こうすることで私は、チームメンバーと一体になることを心がけています。

「人とシェアする」ことを念頭に置けば、書く内容にはおのずと「わかりやすさ」が求められるでしょう。

また、自分自身に対してでも、目標や計画をすぐにイメージできる書き方になっていたほうがベターです。

ですから、書く内容には「図」をふんだんに用いることをおすすめします。

目標達成までの道のり（ステップ）が書かれたチャート図入りのもの、大きく書かれた数値目標、概念図、あるいはイメージ写真を使ってもいいでしょう。

要は、**自分に対しても、見せる相手に対しても、明確なイメージを与えることができればいい**のです。

たとえば計画のなかに「年収○○○万円を達成したら、年末年始はハワイで過ごす」というものがあれば、お気に入りのハワイの写真を入れるのもいいでしょう。「日本一の保険代理店になる」という目標は、山頂に旗を立てたイラストにしてもいいかもしれません。

決まったフォーマットなどはありませんが、このように、目標の「見える化」は、遊び心を加え、ワクワクできるものであるべきでしょう。

勝手に限界を想像しない

「日本一の保険代理店」は馬鹿げた夢か？

「大きすぎる目標を立ててしまうと、現実味がなくなり、結局何もしないで終わってしまう」

目標達成に関する本では、しばしばこのようなことがいわれます。

たしかに、的外《まと》れな目標設定は、何の意味もありません。「こうだったらいいなー」という理想だったり、「叶わぬ夢」で終わってしまうでしょう。

でも、たとえ一般的には大きすぎると感じられるような目標でも、それがアイデンティティの法則から導き出された目標なら、私は、それは正しい目標だと思います。

「多くの人が、自分には大きなことを成し遂げる能力がないと考えている。最大の障害は、自分で自分に設けている〝限界〟だ」

マクスウェルはそう教えています。私にとってこの教えは、勇気の、そして情熱の源です。

「日本一の保険代理店をつくり、世界に進出する！」

それが私の起業時の夢であり、いまなお、追い続けている目標です。

周囲からは、無理だといわれたことも多々あります。

しかし、マクスウェルは「勝手に限界を設けるな！」といいます。

そして「日本一の保険代理店をつくり、世界に進出する！」ということは、私にとって本当に「なりたい自分」の姿なのです。遠慮など必要ないでしょう。

夢に制限はない

「○年までに全国に○社の支社を持つ！」

「○年には売り上げ○○○円！」

「○年、世界進出！」

私のノートには、一見非現実的にも見える大きな夢がいくつも書かれています。

さらに、社内にもそのような目標を大きく書いて貼り出し、スタッフと共有するようにしています。そしてありがたいことに、いま現在、私たちはこの目標に着々と近づいているのです。

もし私が「まあ、うまくいってもこんなものだろう」と自分の夢に限界を設けてしまっていたら……仲間と毎日ワクワクしながら目標に向かって行動するいまの人生は、絶対になかったと思います。

自分を振り返って見つけた「なりたい自分」が、たとえどんなに大きすぎる目標を持っていたとしても、それを否定する必要はありません。

限界は、想像しない。

自分の能力をもっと信用する。

これが〝マクスウェル式〟なのです。

自信を獲得するためには、人の手を借りる

「無理なんじゃないか……」を救うもの

「メンバーのモチベーションを高め、人を巻き込んでいくために必要な資質。それは〝自信〟である」

マクスウェルはそう教えています。

わかりやすくいえば、

「**自信のないリーダーには、人はついて来ない**」

ということです。

そして、「リーダーの自信には、ビジョンを示すことも必要」といいます。

たとえばリーダーである私が、単に「日本一になるぞ!」と連呼していても、そこにビジョンがなければ、ただのお題目に過ぎません。

「これをやって、次にはこうやって、そして、いつまでに日本一になるぞ！」

というビジョンを示すことで、「日本一になるぞ！」は、仲間と共有できる「計画」になるわけです。

さて、限界は想像せず、情熱のおもむくままに大きな目標を掲げてきた私ですが、正直なことをいえば、起業当初は、何かうまくいかないこともたくさんありました。

「やはり自分には無理なんじゃないか……」

と、自信をなくすこともしばしば。

「社長の考え方はおかしい」

「社長のやり方では絶対にうまくいかない」

優秀な社員から、そんなことをいわれたことも数知れず。

しかし、当時の私にもいま思えば問題がありました。社長ではあったものの、トップセールスマン時代の、プライドのかたまりのような人間だったのです。

優秀なメンバーとの意見の衝突……。

それに端を発した、社内の空気の悪化……。

日本一になるどころか、会社を存続させることも難しいんじゃないか？　と思ったこともあったものです。

そんな私がどうやってマクスウェルのいう「自信」を取り戻したかというと……。

それは、自分以外の「人」の励ましの力を借りたのです。

共に目標を目指すスタッフ、応援してくれる家族、社外の仕事仲間、かつての先輩たち……。

さまざまな属性の「人」が自分を信頼し、励ましてくれるという事実が、私に自信を与えてくれたのです。

人とつながれば、自信がもらえる

ただし、人から信用される、励ましてもらうためには、自分も相手を信用し、励ますことができなければなりません。

つまり「自信を与え合う関係」になることです。

そのためには、相手を理解し、相手と共感を生む……相手と〝つながる〟ことが必要です。


「〝リーダーシップ〟とは〝人とつながること〟とまったく一緒だ」

マクスウェルはこう教えてくれました。


私はその教えを実践すべく、メンバー一人ひとりの価値観、感情、問題意識、何を求めているのか……について、思いをめぐらせました。

そして、自分の夢や一緒に達成したい目標を、すべてオープンにしました。

こうすることで、リーダーである私とメンバーの間に理解と共感が生まれる、〝つながる〟ことができるのです。

つながった相手から自信をもらい、自信に満ちた自分がまた相手に自信を与える関係……。

これはマクスウェル式の「**自信獲得のスパイラル**」といえます。
もちろんこれは「リーダー／メンバー」という関係だけの話ではありません。
自信を獲得するためには人からの励ましが必要。
そのためには人とつながること。
あなたの目標達成を強力にあと押しするのは、あなたとつながった人たちなのです。

迷ったら「YES」を選ぶ

行動にストップをかけるな

「成長は、行動を起こすことから始まる」

これはマクスウェルが何度も口にすることです。

たしかに、たとえ「なりたい自分」を明確にすることができて、ワクワクするような目標を掲げることができても、また、自分に共感し自信を与えてくれる仲間がいたとしても、自分自身が動かなければ、何も始まりはしません。

「誰かがやる気にさせてくれるのを待っていてはいけない」

マクスウェルはそういっています。では、行動しようとする気持ちにストップをかけてしまうのは何でしょう？　それは「**迷い**」だと私は考えています。

「まずは石橋を叩くシミュレーションから始める」ということをお話ししましたが、これも、それ以前の決断があっての上でのことです。

決断……つまり「ＹＥＳ」を出すことです。私はビジネスであれ、プライベートであれ、何か新しい計画に対しては、「やってみよう」の姿勢を取ることにしています。

可能性を潰さないために

人間は「ＮＯ」、つまり否定の姿勢からことを始めることが、多々あります。

たとえばどこかへ旅行に行こうとして、行き先を選んだ……。「でも、もっといいところがあるんじゃないかな？」と、まず否定をしてしまいます。

就職先、引っ越し先、新規事業……あらゆる決断の際に「でもほかにあるんじゃないか？」というストップがかかります。

これで行動そのものを起こせない人が、大勢いるでしょう。

「まずは、やると決める」。すべてはそこから動き始めます。やると決めて、シミュレーションをして、それでうまくいかないことがわかれば、そこで代案を考えればいいだけなのです。

私は自社のメンバーからの提案にも、基本的には「やってごらん」といいます。

もちろんあまりにも度が過ぎて、明らかにうまくいかないとわかるものにはストップをかけますが、私と見解が違うというだけでは、提案を却下することはありません。

お互いがお互いのことを思っている……。つまり目標を一緒に達成しようと思っているのならば、見解の違い、感覚の違いにこそチャンス＝さらなる利益獲得の可能性が潜んでいると私は考えます。

「NO」という選択をするということは、この可能性を「何もしないうちに」潰してしまう、ということにほかなりません。

それは、とてももったいないことだと思いませんか？

まずは行動を開始する。

そのためのスイッチが、「YES」という選択なのです。

成長には「邪魔をする存在」がつきものだ

絶対に目をそらすな！

「優越感やうぬぼれの気持ちは、人の成長を止める」

マクスウェルはそう警告します。

自分が成長し、他の人よりもうまくいったという優越感、「俺ってすごいだろう」というううぬぼれ……。ごく簡単にいうと「調子に乗る」ということです。

この調子に乗った状態が、自分の「軸」にブレを生じさせます。つまり、成長度合いにばかりフォーカスしてしまうことで、目標を忘れてしまうのです。

これは私の会社でも実際に起こりがちなこと。

自分でいうのはおこがましいですが、私の会社はメンバーが一つになってがんばったことで、急成長を遂げることができました。北は北海道から南は九州まで、全国に

15社の支社を持ち、業務内容は保険代理業を中心に不動産、人材教育事業まで展開しています。

ここで、「調子に乗ってしまう」のは簡単なこと。多くの人が私に、そしてメンバーに「すごいですね」「さすがですね」といってくれるのですから。

しかし、これまでの業績に調子に乗ってしまうことは、現状に満足してしまうことです。

「日本一の保険代理店になって海外に進出！」

これが私たちの共通の「なりたい自分」のはずなのに、先の自分より、いまの自分、業績をあげた過去の自分が大事になってしまうということです。

だから私は、メンバーに、そして私自身に常々こういっています。

「なりたい自分、目標にフォーカスして、絶対に目をそらすな」

と。

余計なコトをやらないために

目標にフォーカスさえしていれば、調子に乗ることはありません。

これまでの業績を誇りに思うことはあるにせよ、そこで立ち止まることはないでしょう。

また、目標にフォーカスしていれば、さまざまな誘いに惑《まど》わされることもありません。

「おたくの組織力を使って、この商品を販売しませんか？」

「とても儲かる海外投資があるんですが、これを営業品目に加えませんか？」

私の会社にも、そんなジョイントベンチャーの誘いがいくつもありました。

しかし、検討、シミュレーションの結果、ほとんどの話をお断りしています。

なぜなら、その仕事をやることは「なりたい自分（たち）」になることではなかったからです。

時間という資源には、限りがあります。

だから、「なりたい自分」になるためには、なるべく余計なコトはしたくない。

そのためにも、目標から目をそらしてはいけません。

第4章

「なりたい自分」を、限りなく鮮明に思い描く

自分のやるべきことを明確に、愚直に

他人を気にしない

「自分に〝本物の価値〟があると信じること」

マクスウェルは、自己成長のカギとして「自己評価を高くする」ことについて常々語っています。

多くの人が、「どうせ自分なんて……」と自己評価を低くしてしまい、そこで成長を止めてしまう。つまり自分に投資することなく、終わってしまうのです。

「自分（の才能）を信じる」

「もっと自信を持つ」

言葉にすれば簡単なことですが、なかなかそうすることができない……。

いったい何が原因なのでしょうか？

私自身、そして私のチームメンバーを見ていて感じるのは、自己評価を低くしてしまう原因として、「他人」の存在が非常に大きいということです。

「他人と比べて、自分なんかまだまだ（能力がない）」

「他人からあまりいい評価が得られないから、自分はダメなんだ」

そう考えてしまうわけです。

しかし、マクスウェルの教えは「それは逆である」ということです。

「自分自身の自己評価が低いままでは、世間一般から高い評価を受けることは、まずあり得ない」

マクスウェルはそう語っています。

これは私自身にも身に覚えがあります。

外資系の大手生命保険会社に入社したばかりのころの私は、まさに「低い自己評価」がそのまま歩いているようなものでした。

「まわりは営業センスのある人ばかり。それに比べて自分の前職は公務員（消防士）だ。勝てるわけがない」

「同じ時期に入社した同僚は、どんどん契約を預かっている。それに比べて自分はまだ一件も契約が預かれない。やはりこの仕事には向いていないんじゃないか？」

そんなことばかり考えていたのです。

しかし、あるとき私は〝開き直り〟ました。

「人と比べていても仕方がない。どうせだから、自分にできることはすべてやろう」

そう考えるようになったのです。

当時住んでいた自宅近くに、大型のショッピングモールがありました。朝、通勤でそこの前を通ると、警備員のおじさんが立っていました。

私は彼に毎朝、「おはようございまーす」と挨拶をし、そのうち唐突《とうとつ》に「今度、（自分が扱っている）保険の話、聞いてよ！」と、遠慮なく話しかけるようになりました。

そして実際に彼の自宅まで行き、契約を預かったのです。

「とにかくまわりの人に声をかけまくって、一件でも契約していただく」

会社の先輩や同僚の動きには目もくれず、がむしゃらに、自分のできることを一つひとつこなしていったのです。

そしてその積み重ねの結果が、トップセールスマンの仲間入り……ということにつながったのだと思います。

自分を信じる強さ

「誰かがやる気にさせてくれるのを待っていてはいけない」

マクスウェルはそのようにいいます。

スタートは、とにかく自分。

そして「自分にはできる」という強い思いがなくては、スタートを切ることもできません。

また、私自身の考えでは、**この最初の「自分にはできる」という思いには、いわゆる“根拠”は必要ない**と思っています。

「過去に○○○という経歴があるから、自分にはできる」

「他人よりもいい成績を挙げているから、自分にはできる」

そういったエビデンス（根拠）となるものは、ここでは関係ありません。

なによりも必要なのは、目標が「なりたい自分」であるかどうか、です。

自分の目指すものが、心から願う「なりたい自分」であるならば、他人の評価はおろか、自分のこれまでの実績すら関係ない、というのが私の意見です。

ですから、私の会社の採用では、応募者の実績よりも〝情熱〟〝自分を信じる力〟を重視しています。

「成長したい」と願う気持ちは、「なりたい自分」がある人間のほうが大きいでしょう。

私はそんな人の背中を押したいのです。

他人の目を気にせず、自分を信じてできることを愚直にやる……。

そんな人は、きっと大きな成果を挙げるはずです。

「なりたい自分」を「見える化」せよ

自分本位に描く目標

「他人を気にしない」ことが自己成長のカギとなる……。

これは、いい方は悪いですが、とても愉快なことです。

そう、別の見方をすれば「自分本位でいい」ということなのです。

もちろん、他人に迷惑をかけたりするような自分本位さは、あってはなりません。

しかし、「なりたい自分」とは、あくまでも自分だけのものです。

まずはこの自分だけの「なりたい自分」を明確にしておくことが、目標達成へのスタートとなります。ここで「他人の目」を考慮する必要はないのです。

たとえば……。

「トップ営業マンになる」

←

「でも、いままでの成績ではトップを取ることは難しいだろう。マネジャーからの評価も低いし、きっと無理かも」

「家族と充実した時間を持つ」

←

「でも、仕事が忙しくて帰宅時間も遅い。車も持っていないから色々なところに出かけるのもままならない。家族を喜ばすことは難しいな」

こうして〝周囲〟や〝評価〟〝世間一般の常識〟を鑑《かんが》みてばかりいては、そこから動くことができません。

つまり、何もスタートしないのです。

「なりたい自分」は、世間のためにあるわけではありません。

あくまでも「自分のため」に存在するものです。

ですから、誰に遠慮することなく、ある意味「ビッグマウス」でもいいので、自分に正直に「なりたい自分」を再確認します。それは、あなたにとってワクワクする、楽しい内省です。

限りなく明確に「見える化」する

「なりたい自分」の姿は、頭のなかで思い描くだけでなく、実際に紙に書き出すことをおすすめします。

「書くこと」が自己成長にとって効果的であり、マクスウェルも推奨しているというのは、第3章でも少しお話ししたとおりです。

つまり、実際に紙に書き「見える化」することによって、目的意識をより明確にするのです。

また、「書く」とは、目標を一言で表すだけではありません。

受験生が「○○大学絶対合格！」と書いた紙を机の前に貼っている……。「なりたい自分を書く」というと、そんなイメージを持たれるでしょうが、「見える化」はそのようなかたちだけではありません。

ここで、いくつかの「見える化」の方法をご紹介しましょう。

① イラスト化する

私はよく、目標をイラストにします。これはリーダーとしての私が、チームメンバーとビジョンを共有しやすくする、という目的もあるのですが、「自分本位」の目標、つまり個人的な目標達成の際にも、効果的です。

たとえば私は「3ヵ月後の理想の姿（＝なりたい自分）」として、こんなイラストを描いていました。

・笑顔の私と、私の家族

・それを取り囲む人々

さらに、人々はこのように言っています（吹き出しで）。

「さすが豊福さん！」

「どんどん紹介しますよ！」

「うちの会社の保険、お願いしますよ！」

「保険といえばトヨフクだよね！」

……うーん、あらためて文字に起こすと、ちょっと恥ずかしいですね。

でも問題なし！　自分本位でいいのです。

また、ハワイのビーチで遊ぶ家族のイラストも描いています。

これも、私の「なりたい自分」なわけです。

絵はそれほど得意ではありません。イラストといっても落書き程度のもの。

しかし、このイラストを描く作業、そしてイラストを見る時間が、私をワクワクさせ、目標達成の意識を強くさせるのです。

② グラフや図表

「数値化」することもまた、「見える化」の一つの方法です。

目標達成の道のり、達成度を表し、自信を高めるためにも、グラフは効果的です。たとえばダイエットであれば体重の変化、ビジネスであれば営業成績の伸び率などを折れ線グラフにします。ここで重要なのは、グラフによる「見える化」はあくまでも「自信を獲得するための方法」だということです。

よくドラマやマンガであるように、上司がグラフを前に「なんだこの営業成績は！」と部下を怒鳴《どな》りつける……ここでいうグラフは、そのような叱責《しっせき》や反省のためのツールではありません。あくまでも目標を認識し、ワクワクするために使うものだということをお忘れなく。

③ チェックリスト

マネジメントの現場における「見える化」としてポピュラーなのが、「チェックリスト」です。

やるべきことを列挙《れっきょ》し、こなしたらチェックを入れる……。

仕事の生産性を高めるためにも、チェックリストは効果的です。

そしてチェックリストは、「なりたい自分」の「見える化」にも、とても役立ちます。

ここで第2章の「アイデンティティの法則」を思い出してみてください。

あなたのアイデンティティを叶えるためには、何が必要か？　それをチェックリストとして挙げるのです。

たとえば「健康」をアイデンティティとした人であれば、次のようなチェック項目が挙げられるでしょう。

□朝は6時に起床する
□朝食は十分食べる
□毎日一時間以上歩く
□必ず野菜を摂る

などなど。

また、「情熱」をアイデンティティとした人であれば……。

□ワクワクする体験をしたか？
□人との会話に熱中できたか？
□今日、心のなかで「ガッツポーズ」をしたか？

などが考えられます。

つまり、チェックリストとは、目標達成のための「習慣づくり」にも役立つものなのです。これもまた「自分に課した掟《おきて》」のようには考えず、楽しく実践するようにしましょう。

④ キャッチコピー（セリフ）

私のノートには、「心の叫び」とも思われるような言葉が、殴り書きされている場合が多いです。

「絶対できる！　俺たちならできる！」
「売り上げ○○円達成！　やったぜ！」
「契約、週10件オーバー！　すっげー！」

……これもあらためて書くとちょっと恥ずかしいのですが、「見える化」の一つだと考えています。

つまり「気持ちの見える化」です。

目標に近づくことがいかにうれしいか？ どれだけ目標に近づきたいのか？ を、あらためて文字＝キャッチコピーにすること（手を動かして書くこと）で強く認識させているのです。

ここで重要なのは、前述の受験生の例のように、目標を標語として貼っておくことは目的としていない、ということです。

あくまでも自分の気持ち（決意など）を書く、思い立ったらその場で書く、ということが、目標を強く意識することにつながるのです。

「自分との心のなかでの会話で、前向きな言葉を（自分に）掛けている人は前向きなセルフイメージをつくれる」

マクスウェルはそう語っています。

「見える化」とはまさに、自分との会話をかたちにしたもの。私はそう考えています。

毎日実践！　トヨフク式「達成ノート」

行動しなければ、目標は達成できない

当然のことながら、「なりたい自分」を「見える化」すること自体が、目標達成ということではありません。

「なりたい自分」になるためには、何が必要か?

ずばり、「行動」です。

「いま、私が話していることも、実際に行動に起こさないと意味がない」

マクスウェルは、自身のセミナーで聴衆にこう話します。

成長は必ず行動を起こすことから始まる……。逆にいえば、何の行動も起こせなければ、成長はできない。「なりたい自分」にはなれない、ということです。

「見える化」の作業も、「なりたい自分」を認識することによって、そこからの行動を

促すことが真の目的だといってもいいでしょう。

では、行動のために必要なものとは、何でしょう。

それは「スケジュール」です。

一日のスケジュール、週間スケジュール、月間スケジュール、年間スケジュール、3～5年の中期スケジュール、そして人生のスケジュール……。

これらに「なりたい自分」、つまりアイデンティティの要素を入れ、こなしていくことこそが、目標達成のための「行動」です。

スケジュールを立てることは、「無駄な時間」を過ごすことをなくすことにもなります。誰もが目標達成のための「最短距離」を歩みたいと思っていることでしょう。そのためには、無駄なことをやらず、自分のアイデンティティに沿った優先順位の高い行動をこなしていかなければなりません。

また、行動には「振り返り」も必要です。

「今日はうまく行動できたか？」

「今週できなかった行動は何か？」

「どうすればもっと行動できただろうか?」

そのように、自分の行動を客観的に振り返ることもまた「内省」です。

多くの人が、スケジュールの立案で満足してしまい、振り返ることをおろそかにしています。立てたスケジュールは、その後振り返ってこそ完結するのです。

フォーマットは「あってないようなもの」でいい

「では、どんなフォーマットでスケジュールを立てればいいの?」

すぐにそう考える人も多いものです。

後ほど私たちが会社で使っている毎日のスケジュールのフォーマットをご紹介しますが、それはあくまでも「一例」に過ぎません。

「目標には、フォーマットはない」

だから人それぞれ、自由でいい……というのが、私の考えです。

なぜならば「目標は人それぞれ違うから」です。

そして、目標とは、人から与えられたものではなく、自分自身のアイデンティティから導き出されるものだからです。

たしかに行動を起こすためには、スケジュールは必要。しかし、「こうでなければだめ」という決まりはありません。

強《し》いていうならば、スケジュールをあとで見たときに、自分の行動とともに気づきやアイデアがわかるもの、次のスケジュール立案にそれを活かせるものが有効でしょう。

そうしてつくったのが、**次のページの「トヨフク式・達成ノート」**です。

日間のスケジュール帳なのですが、真の目的は「アイデアを書き留めること」や「内省」にあります。

達成ノート

2016年　　月　　日（　）

	予定	タスク／ゴール	気づき／次の行動	アイデア & チェックリスト
7				
30				
8				
30				
9				
30				
10				
30				
11				
30				
12				
30				
13				
30				
14				
30				
15				
30				
16				
30				
17				
30				
18				
30				
19				
30				
20				
30				
21				
30				

①夢・希望　②感謝　③反省　④励まし　※自分の感じたことを書く

①「今日のテーマ」

日付の横には、その日のテーマを書きます。「○○社との契約成立」「○○さんとのコミュニケーション」。あるいは「本を2冊読む」など、自分の目標に沿ったテーマを自由に書き入れます。

②「予定・タスク／ゴール」

ここは通常のスケジュール帳と同じ使い方をします。ポイントは必ず「ゴール」を決めておくこと。これで行動の意義がはっきりわかります。

③「気づき／次の行動」

タスクをこなしたことにより、何か気づいたことはないか？　次の課題は何か？を書き留めておきます。

④「アイデア&チェックリスト」

スケジュールとは関係ないことでも、何かアイデアを思いついたら書き留めておきます。記号やイラスト、人の言葉など、どんな書き方でも構いません。あとで見たときに「この日にこんなことを思いついた」と、わかればいいのです。

⑤「自分を振り返るスペース」

わかりやすく「①夢・希望」「②感謝」「③反省」「④励まし」と書いていますが、この欄は、自分を振り返るために使うスペース、つまり「内省用」のスペースです。

「〝なりたい自分〟はどんな自分だったっけ？」

「誰に感謝する？」

「今日一日、反省することは何？」

「励ましの言葉をもらったか？　あるいは自分を励ます言葉は？」

ここでもとにかく自由に、今日一日の自分が「なりたい自分」に近づいているかを確かめます。

このフォーマットを「スケジュール」ではなく「ノート」としたのも、あくまでも目的はスケジュール管理ではなく（もちろんスケジュール管理も大切ですが）、自分を振り返るための自由なツールと考えていただきたいからです。

「気づき／次の行動」や「アイデア」「内省」は、どうしても自分の頭のなかで確認して終わりということが多いと思います。

そうではなく、**実際にノートに書き出し、あとで見る……**。

この単純な行為が、あなたの「なりたい自分」をより明確にし、そんな自分になるための行動の整理につながるでしょう。

繰り返しになりますが、フォーマットは自由です。

あなたが自由に思い描いた「自分」を、自由に書き出しましょう。

第5章

他人の目標をも達成させる究極の技法

リーダーとして、誰かの目標を達成させる

「理想のリーダー」になりたい

「リーダーとは、人の目標達成をあと押しする人」

マクスウェルのさまざまな叡智《えいち》に触れた私は、自分のリーダーとしての理想像をこう定めています。

チームメンバーがそれぞれの「目標＝なりたい自分」に近づこうと努力し、その結果がチーム全体の目標達成につながる……。経営者である私にとって、こんなに素晴らしいことはありません。そして、その先頭に立つこと、すなわちリーダーとなることこそが、私にとっての「なりたい自分」だったのだと実感しています。

何度か触れているように、私はかつて、個人プレーですべてが決まってしまう外資系会社で、ナンバーワンになることを目指して活動していました。

そしてそこで感じたある種の虚しさ……。

内省し、真剣に自分を振り返ってみたときに、私はそれ以前に勤めていたハイパーレスキュー隊のマネジメントに理想を持っていたことを見出しました。

一人ひとりの行動が、仲間の命運（それは文字どおり人命に関わることもありました）を握っている。そんな人とのつながり、一体感を欲していたのです。

そのために必要なことは何か？

どうすれば仲間とともに、目標達成できる集団をつくることができるのか？
どうすれば大勢の人と同じビジョンに、突き進むことができるのか？

そう考え、学んだのが、マクスウェルのリーダーシップ論だったわけです。

マクスウェルのリーダーシップ論は、私の解釈からすれば、まさに私が志向していた「ハイパーレスキュー型」のものです。「ハイパーレスキュー型」というと、いかにも指示命令系統がパーフェクトに整っていて、極めてシステマチック、もっといえばスパルタ的なマネジメントをイメージする人もいるでしょう。

たしかに人命救助に携わる職としては、そういった要素も必須でした。

しかし、私がハイパーレスキュー隊のマネジメントに見出していた特徴は、あくまでも「みんなで成果を挙げる」ということです。

いま思えば、これが私の「使命感の足りなさ」に結びついていたのかもしれません。

「そんな甘いこと、いっていられない」

そういわれてしまえばそれまでです。

しかし、私の「なりたい自分」「本当の自分」は、やはり「仲間とハッピーになることだったのです。これは他人がとやかくいえることではないでしょう。

そんな私は、マクスウェルの言葉一つひとつに感動したものです。

「人とつながる」ということ

「〝リーダーシップ〟とは〝人とつながること〟とまったく一緒」

「メンバーと一緒にゴールラインを越えることにこそ、意味がある」

このマクスウェルの言葉は、私に大きな希望と喜びを与えてくれました。

「これぞ、俺の目標とするリーダーシップ！」

そう感じたものです。

そしてマクスウェルは、「人（メンバー）とつながるために、自分に4つの質問をしてみるといい」といっています。

①　どうすれば相手のことをもっと知ることができるか？（相手の何を知らなければならないか？）

②　どんなことをいえば、相手をより知ることができるだろうか？（どうすれば相手を大事に思っていると伝えられるか？）

③　相手に何をしてあげられるか？（何をすれば相手をより知ることができるか？）

④（相手に対して）エネルギーを注ぐ準備ができているか？

人とつながりたいのならば、これらのことにエネルギーを費やせ、というのです。

つまり、相手（メンバー）を〝知る〟こと。私は、これこそがリーダーの一番重要な仕事だと解釈しています。

そして、相手を知ることにより、相手の「なりたい自分」が見えてきます。

そのメンバー一人ひとりの「なりたい自分」が、チームの目指す方向と一緒であれば、そのチームは「最強」となります。

そしてメンバーの「なりたい自分」とチームの方向性を一緒にすることこそが、リーダーの「影響力」ではないでしょうか？

私はそう考えています。

目標達成のガソリン「自信」を補給せよ!

「自信」であと押しする

第3章でもお話ししたように、人とつながることは自分自身の「自信の獲得」になります。

そして、自信は目標達成の強力なあと押しとなります。

では、人の目標達成をあと押しするのに有効なことは……そう、「相手に自信を与える」ということです。

まさにガソリンを補給するがごとく、メンバーに自信を与えることもまた、リーダーの大きな役割です。

メンバー一人ひとりが自信にあふれていれば、自信にあふれたチームになります。自信にあふれたチームが集まった会社は、自信にあふれた会社になります。

これは社外から見ても、魅力的な姿でしょう。

自信が自信を呼び、それは業績にもつながっていく、というわけです。まさに「自信の善循環」です。

では、この善循環の元となるものは何でしょう?

マクスウェルは、それは「自信にあふれたリーダーである」といっています。

「メンバーのモチベーションを高め、人を巻き込んでいくために必要な資質は『自信』である」

これはマクスウェルがリーダーの心得として、常々語っていることです。

チームとして目指すもの、達成すべき目標と、各メンバーの「なりたい自分」の方向性を一致させるにはどうすればよいか。

それにはリーダーの見せる未来、すなわちビジョンが相手にとっても魅力的なものでなければなりません。

「こんな未来、素敵だな」

「こんな目標を達成したいな」

……そういう影響を与えなければならないのです。

このとき、ビジョンを語るリーダーに自信がなかったら……。

「ちょっとできるかどうかわからないけど、こうだったらいいと思うんだけど……」

これでは〝巻き込む〟相手に失礼でしょう。

「俺たちだったら絶対にできる」

という、確固たる自信に満ちたリーダーの発言。

「こんな未来、素敵だと思わないか？」

という、リーダーが示す魅力的かつ具体的なビジョン。

これらによって、メンバーのなかで目指すべき自分像が芽生え、行動が始まるわけです。

〝まずはリーダーが自信を持つ〟。

ここからすべてが動いていくのです。

自信を生み出す2つの要素

では、メンバーに対して自信を与えるためには、具体的に何をすればいいのでしょうか？

マクスウェルは次のようにいいます。

「小さな成功体験を積み重ねることが、自信につながる」

そう、これはリーダー個人に対する言葉でもあり、またチームマネジメントのテクニックとして〝メンバーに成功体験を積み重ねさせる〟ということに大きくつながるマクスウェルの教えです。

「なりたい自分になる」は、目標達成の最終形ともいえます。そしてその道のりには、たくさんの小さなゴールが待っているでしょう。

たとえば「年間売り上げ○億円達成」の間には、月間の売り上げ目標の達成、あるいは日々のタスクのクリアがあるわけです。

会社としても「日本一の保険代理店になる！」という目標達成の道のりには、年間利益のアップや支社の展開など、いくつも達成すべき目標があります。

これらをクリアするたびに、大いに喜び、大いに称賛するのです。

私が優秀な成績をおさめたメンバーをことさら称賛し、表彰したりするのも、すべては「成功体験を楽しんでもらう」ためです。決してまわりへの競争心をあおったりするものではありません。

成績の悪いメンバーを叱責し（あるいは吊し上げ）、いわゆる「ケツを叩いて」目標達成させるようなマネジメントは、とてもマクスウェル式のマネジメントとはいえません。

「失敗体験」など、人は味わう必要はないのです。

人の目標達成をあと押しするならば、まずは「**小さな成功**」を心から称賛しましょう。

それが相手の「自信」となるのです。

さらに、相手の自信を高める方法として、その人の「**得意分野**」を活かしてあげる、というやり方もあります。

「得意分野を見つけて、その分野のプロフェッショナルになる」

これはマクスウェルの成功法則の一つです。

人に自信を与える際にも、相手の個性である「得意分野」を尊重すべきでしょう。

たとえば、パソコンには詳しいけれど、接客が苦手な人……。

そんな人には、苦手分野である接客にフォーカスしてコミュニケーション力を上げようと画策するのではなく、「パソコンに詳しい」という得意分野を持ち上げてあげるべきです。

「パソコンのことといえば、○○君だよね！」

「○○君、パソコンでわからないことがあるんだけど、教えてくれないか？」

こうして相手の得意分野をいい意味で利用し、称賛することで、相手は得意分野に対する自信をさらに強めるでしょう。

そして、自信を得ることでコミュニケーション力も上がり、接客に対しても臆することが、なくなるかもしれません（実際に私の会社ではこのような例がいくつもあります）。

まずはリーダーである自分が自信を持ち、そして相手に自信を与える……。

これが、人の目標達成をあと押しするための基本姿勢です。

他人のアイデンティティも把握する

尊重するということ

第2章でご紹介した、「なりたい自分」を知るためのマクスウェルの素晴らしいツール「アイデンティティの法則」。

私はこれを社内マネジメントにも活用しています。

そう、社員一人ひとりの「なりたい自分」を知り、それぞれに合ったあと押しを実現させるためです。

私の会社では、定期的に、各部署のマネジャーによる社員一人ひとりへの面談をおこなっています。

目的は、マクスウェルのいう「相手を知る」ということです。

抱えている業務の進捗状況や数値目標の達成度合い、現在の悩みなどを確認することはもちろんですが、この面談で非常に重視しているものがあります。

それが、相手のアイデンティティの確認です。

第2章でもお話ししたように、アイデンティティはその時々の環境や立場、それまでに積んできた経験によって、変化するものです。

ですから、相手がいま現在一番大切にしているもの、なりたい自分は、定期的に確認しておかなければならないのです。

じつは私の会社ではいま、新人が入社してくるとすぐに「アイデンティティの法則」を実践させます。

38のアイデンティティのなかから、そのときに大切にしているアイデンティティを挙げさせ、それを提出させるのです。

ですから私の会社には、全社員のプロフィールにそれぞれのアイデンティティが書かれた、医者のカルテのようなデータが存在します。

そして毎回の面談のたびに、

「アイデンティティに変化がないか？」

「なりたい自分にどれだけ近づいているか？」

ということをを確認するわけです。

これが、私なりの「目標達成のあと押し」なのです。

お金や地位だけがご褒美ではない

たとえば、一年前には「『知識』がアイデンティティの第一位である」という男性メンバーがいました。

彼とともに会社としての目標達成を成し遂げるために、私を含めた幹部は、彼に積極的に〝学び〟の機会を与えるようにしました。

部署を代表しての各種セミナー、勉強会への参加を役割とし、彼も喜んで応えてくれました。

おかげで彼にも、そして社内にも新しい知識が次々と取り入れられたものです。

ところが一年後の面談では、彼のアイデンティティの第一位は変わっていました。結婚と子どもの誕生により、「家庭」こそが、もっとも大切なアイデンティティとなっていたのです。

ここで、従来どおり彼にセミナー、勉強会への参加を促しても、的外れなあと押しとなってしまうというわけです。

彼にとっての「なりたい自分」第一位は、「家庭を大切にする自分」なのですから。こんな場合の彼のモチベーションとなるのは、「家庭を大切にできる仕事環境」というわけです。

たとえば、必ず定時には帰宅できるようなスケジューリングを促す、土日にはなるべく仕事を振らない、優秀な成績を挙げたならば特別休暇を与える……などの応援が有効となるのです。

ビジネスの場では、とかく「金銭」であったり、「地位」であったりこそが最高のご褒美となるように考えられがちですが、現在の社会情勢は、とくに価値観が多様化しています。

かつての高度経済成長時代のように、「がんばって働けば何でも手に入る」と考える人ばかりではありません。

「社員が何を喜ぶのか？」

それを知るツールとして、「アイデンティティの法則」は極めて有効です。

人は一人ひとり違うという事実

マクスウェルのマネジメント哲学は、相手を「こうしなければならない」といった型に押し込むようなことはあり得ません。

組織とはいえ、構成している人間は「一人ひとり違う」。

この当たり前の事実を前提とし、一人ひとりの内面を尊重するという点が、私が彼の教えに強く感銘する理由なのです。

そして、そんな一人ひとりの違う人間が一つの目標に向かって一緒に進んでいく、共感し合い、みんなのために行動する。

成果を挙げるというのが、私が目指す組織の在《あ》り方、もっといえば、私にとっての〝ビジネスの醍醐味〟なのです。

人は一人ひとり違うものだからこそ、相手を深く知る必要があります。

面談をし、「アイデンティティの法則」で、相手の「なりたい自分」を把握する必要があります。

そして、相手にとって喜ばしいもの、「なりたい自分」に近づけるものをご褒美として与えなければなりません。それがひいては、会社としての目標達成につながっていくのです。

人は、人から押しつけられた目標に対しては、スイッチが入りにくいものです。

なぜなら、それは「ありのままの自分」「なりたい自分」とは限らないからです。

極端ないい方をすれば、チームメンバーが達成したい目標とは、チームの目標ではなく、あくまでも「なりたい自分」になること。

そして、その「なりたい自分」と、チームとして目標を達成している自分がイコールになることこそが、理想のマネジメントであると思います。

そのかじ取りとなる人が、「リーダー」と呼ばれる人なのです。

誰かの目標達成をあと押しするということ

簡単な「ルール」が、アイデンティティを実現させる

「リーダー」とは、何もビジネスにおける経営者、部課長、マネジャーという役職に限ったものではありません。

あらゆるチーム、そして家庭にもリーダーの存在は必要です。

つまり、人の目標達成をあと押しする人は、みなリーダーであるといってもいいでしょう。

たとえばあなたが父親、あるいは母親、祖父、祖母という立場であれば、家庭がより幸せになることを願うでしょう。

そう、家族各人が「なりたい自分」になれるよう、考えるわけです。

そして同時に「家族として」どうなりたいかも考えます。

つまり「家族」という一つの人格としての「なりたい自分」を考えるわけです。

これは会社も同様です。

「法人」という一つの人格が「なりたい自分」、つまり「会社としてのアイデンティティ」を、リーダーが決めるのです。

それぞれ違った人々がそのアイデンティティ＝目標に向かって進むべく環境を整える……それが優れたリーダーでしょう。

そして、同じアイデンティティを実現させるために、いわゆる「ルール」が必要となるわけです。

ですから、家族が一つになって幸せを目指すためにも、私はちょっとしたルールが必要だと考えます。

ルールといっても、何も難しく厳格なものでなくてもいいのです。

たとえば家族としてのアイデンティティといえば……「アイデンティティの法則」で一番にくるのは「家庭」である場合が多いでしょう（私の場合も、そうです）。

では、「家庭」というアイデンティティを実現させるために、必要なルールといえば……。


「必ず毎日、メールや電話で連絡を取り合う（それぞれが出張や旅行中であっても）」

「土日はなるべく予定を入れない。家族と出かける」

「毎晩必ず夫婦で会話する時間を持つ（20分以上）」

「子どもの学校行事には必ず参加する」

などなど。


ごく簡単なことでいいのです。

とにかく、これを明文化しておくことが大切です。

また、家族としてのアイデンティティの上位に「知識」が入ってくる家庭もあるでしょう。そんな家族の場合は……

「子どもには毎週一冊、本を買い与える」

「月に一度、家族みんなで映画を観る」

「セミナー、勉強会への出費は大目に見る」

なんてルールもあり得るでしょう。

「正直さ」をアイデンティティとする家族は、「嘘は厳禁」というルールでしょう。「家訓」や「しきたり」といった、かつての日本に存在した厳格なルール、「〜しなければならない」という掟ではなく、「アイデンティティの法則」から導き出された行動規範を設けることが、家族を一体化させるのです。

あなたは「あなた自身の目標」を達成させるリーダーだ

ここまでお読みいただいたあなたは、もうおわかりでしょう。

マクスウェルの教える「自分の目標を達成させる」ための智恵と、「人の目標を達成させる」ための智恵は、まったく同じなのです。

そしてそれはすなわち、マクスウェルのリーダーシップ論とも同様だと、私は思っています。

なぜならば、あなたはあなた自身の目標を達成〝させてあげる〟ための、リーダーだからです。

あなたが自身の目標達成を実現させたならば、あなたは大切な人の目標達成を実現させる力を持っているということです。その力を、存分に使いましょう。

自分の大切な人が「なりたい自分」になれることは、とても幸せなことだと思いませんか？

「違う自分になりたい」

「でも、やりたいことがわからない」

あなたの大切な人がそんなことで悩んでいたら、あなたは「アイデンティティの法則」で、大切な人の本当になりたい自分を見つけさせてあげてください。

大切な人の予定に、「アイデンティティ＝なりたい自分」の要素を入れることを教えてあげてください。

小さな成功体験を褒め称え、得意分野を認め、自信を与えてあげてください。

「あなたは、人をエレベーターのように持ち上げる人ですか？　それともレベルを下げてしまう人ですか？」

マクスウェルはリーダーに対して、このように問いかけます。

あなたの大切な人が「なりたい自分」になり、笑顔で人生を楽しんでいる……。

その姿を、目を細めて喜んで見ているあなた……。

そんなあなたも、あなたにとっての「なりたい自分」「目標を達成した自分」なのではないでしょうか？

おわりに――
私の目標達成をあと押ししてくれる、大切な人たちへ

今回は、「なりたい自分」「目標達成」について、書かせていただく機会に恵まれました。いつか「なりたい自分」になりたくて、私自身、一生懸命生きてきました。

そして、ジョン・C・マクスウェルとの出会いで、私自身の「なりたい自分」が、明確になりました。そんな私の経験をもとに、ジョン・C・マクスウェルから教えてもらった、誰でも実践可能な、目標達成の原理原則をあますことなく書かせていただいたのが、この一冊です。

この法則を一人でも多くの方に伝えたい……。そんな思いを込めています。

この本に書いた法則を活用して、ぜひ「なりたい自分」を一緒に実現しましょう。心からそう願っています。

最後になりましたが、私にとって大切な方々に、この場を借りて感謝の気持ちを伝えさせていただきます。

株式会社ソルクレオの田中謙介さん。私のことをいつも温かく応援してくださり、本当にありがとうございます。

株式会社Birth47の高橋宏幸さん。高橋さんとのご縁も一生の宝です。いつも貴重なアドバイスをありがとうございます。

齋藤貴彦さんとソフィーさんのご紹介で、ジョン・C・マクスウェルと出逢えました。心から感謝します。

西山敏郎さん、小石まことさん、平野大介さん、坂井保之さん、千崎慶一さん、村上京介さん、中島紫郎さん、高橋裕介さん、原史子さん、山本敦子さん、野口宏さん、今関洋司さん、匂坂政啓さん、山崎寿さん、武田孝治さん、奥村健志さん、森本貴子さん、外所晋さん、武田克己さん、溝手一平さん、加藤誠之さん、西出滋さん、瀧川博一さん、村井淳さん、八尋淳雄さん、北川悠介さん、小川泰幸さん、伊藤智哉さん、澤村知己さん、的場慎治さん、小林潤治さん、平野勝代さん、武内美妃子さん、池田智子さん、谷田理恵さん、芳賀朋子さん、岩間泰子さん。

皆さんと一緒に仕事ができて幸せです。これからさらにスーパーチームをつくり、最高の仲間と共に、沢山の思い出をつくりましょう。

前著『ジョン・C・マクスウェル式　感情で人を動かす』に引き続き、編集協力してくださった中西謡さん、ありがとうございました。そして、全体をプロデュースしてくださった、きずな出版の小寺裕樹さんに心から感謝の気持ちを伝えます。

最後に、私の妻と子どもたちへ、いつもありがとう。

豊福公平

［著者紹介］

豊福公平（とよふく・こうへい）

プルデンシャル生命保険出身の元ライフプランナー。2005年にハイパーレスキュー隊員（公務員）からライフプランナーに転職。プルデンシャル生命時代には入社以来毎年、社長杯入賞、MDRTも毎年入会。新規のお客さまの世帯数は毎年100世帯を超えるトップセールスマンにまで成長することができた。

現在、Gift Your Life株式会社代表取締役。

エグゼクティブトレーナーとして経営者や組織のリーダー、ビジネスパーソンに向けて「究極のリーダーシップ」を提供している。

著書に『たった20秒ではじめて会うお客さまの心をつかむ技術』（KADOKAWA）、『すごい交渉術』（SBクリエイティブ）、『ジョン・C・マクスウェル式　感情で人を動かす』（きずな出版）がある。

達成する力

世界一のメンターから学んだ「目標必達」の方法

2016年8月1日　初版第1刷発行

著　者　豊福公平

発行者　櫻井秀勲

発行所　きずな出版

〒162-0816　東京都新宿区白銀町1-13
電話03-3260-0391
振替00160-2-633551
http://www.kizuna-pub.jp/

編集協力　中西 謠

ブックデザイン　福田和雄（FUKUDA DESIGN）

印刷・製本　モリモト印刷

ISBN978-4-907072-69-8

きずな出版

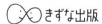